# BEI GRIN MACHT SICH IHR WISSEN BEZAHLT

- Wir veröffentlichen Ihre Hausarbeit,
  Bachelor- und Masterarbeit

- Ihr eigenes eBook und Buch -
  weltweit in allen wichtigen Shops

- Verdienen Sie an jedem Verkauf

## Jetzt bei www.GRIN.com hochladen und kostenlos publizieren

Jörg Löschmann

# Widersprüchlichkeiten. Eine moralökonomische Perspektive

GRIN Verlag

**Bibliografische Information der Deutschen Nationalbibliothek:**

Die Deutsche Bibliothek verzeichnet diese Publikation in der Deutschen National-
bibliografie; detaillierte bibliografische Daten sind im Internet über http://dnb.d-
nb.de/ abrufbar.

Dieses Werk sowie alle darin enthaltenen einzelnen Beiträge und Abbildungen
sind urheberrechtlich geschützt. Jede Verwertung, die nicht ausdrücklich vom
Urheberrechtsschutz zugelassen ist, bedarf der vorherigen Zustimmung des Verla-
ges. Das gilt insbesondere für Vervielfältigungen, Bearbeitungen, Übersetzungen,
Mikroverfilmungen, Auswertungen durch Datenbanken und für die Einspeicherung
und Verarbeitung in elektronische Systeme. Alle Rechte, auch die des auszugsweisen
Nachdrucks, der fotomechanischen Wiedergabe (einschließlich Mikrokopie) sowie
der Auswertung durch Datenbanken oder ähnliche Einrichtungen, vorbehalten.

**Impressum:**

Copyright © 2015 GRIN Verlag GmbH
Druck und Bindung: Books on Demand GmbH, Norderstedt Germany
ISBN: 978-3-656-89580-0

**Dieses Buch bei GRIN:**

http://www.grin.com/de/e-book/289208/widerspruechlichkeiten-eine-moraloekono-
mische-perspektive

**GRIN - Your knowledge has value**

Der GRIN Verlag publiziert seit 1998 wissenschaftliche Arbeiten von Studenten, Hochschullehrern und anderen Akademikern als eBook und gedrucktes Buch. Die Verlagswebsite www.grin.com ist die ideale Plattform zur Veröffentlichung von Hausarbeiten, Abschlussarbeiten, wissenschaftlichen Aufsätzen, Dissertationen und Fachbüchern.

**Besuchen Sie uns im Internet:**

http://www.grin.com/

http://www.facebook.com/grincom

http://www.twitter.com/grin_com

# Widersprüchlichkeiten – Eine moralökonomische Perspektive

Jörg Löschmann

*Das Wunderbare, das einzige eigentlich Seiende, das mir begegnet, ist der Mensch, der er selbst ist. (Karl Jaspers)*

*Die Bedingungen des Lebens sind nicht das Leben selber. Das Leben kann versinken in das Wirtschaftliche, wenn dieses als das Absolute gilt. Dann wird die Freiheit des Menschseins verloren, sowohl unter der totalen Herrschaft in der zentralen Planung wie unter der politischen Freiheit in dem Betrieb, der sich faktisch dem totalitären nähert. (Karl Jaspers)*

# Inhalt

**Vorwort**

Die kritische Auseinandersetzung mit begrifflichen Gegensätzen und Stereotypen aus dem Wirtschaftsleben ist mir ein persönliches Anliegen.

Begrifflichkeiten, die im Wirtschaftsalltag sehr oft verwandt werden, jedoch auch zu Missverständnissen in der öffentlichen Meinungsbildung führen, werden in diesem Band behandelt.

Ich sehe in einem moralökonomischen Ansatz eine selbstreflektierende Instanz, die sich als ökonomische Lehre mit dem sittlichen Verhalten des Menschen im Kontext zur Ökonomie beschäftigt.

Eine Moralökonomie soll sich dahingehend verstehen, dass vergangene und gegenwärtige Verhaltensweisen in der Wirtschaft kritisch hinterfragt werden und das sie zukünftig einen ethischen Wegweiser zu einer von der Mehrheit aller Wirtschaftsbeteiligten (Privathaushalte, Privatunternehmen, Staat) getragenen allgemeinen Verhaltensnorm in einer Makroökonomie markiert.

Dieser Essay soll den Leser zum kritischen Reflektieren unserer Wirtschaftswelt anregen und zu individuellen Sicht- und Denkweisen gegenüber dem praktizierten Wirtschaftssystem, in dem er lebt, motivieren.

Eschweiler im Februar 2015

Jörg Löschmann

**Der Unterschied zwischen einem Kapitalgeber und einem Unternehmer**

Die Ausgangsfrage zu diesem thematischen Abschnitt lautet:
*Wer oder was ist eigentlich ein Unternehmer und wer oder was ist ein Kapitalgeber?*

Ein Kapitalgeber ist ein Unternehmensinhaber bzw. –eigentümer unabhängig von der Rechtsform der Unternehmung, der sich nicht im geschäftlichen Alltagsbetrieb an den anfallenden physiologischen und psychologischen Aufgaben persönlich beteiligt.

Im Umkehrschluss ist jeder Unternehmensinhaber, der sich aktiv beteiligt ein Unternehmer. Denn er beteiligt sich aktiv an den betrieblichen Alltagsaufgaben. Hinzu kommt, dass ein Anstellungsverhältnis mit dem Unternehmen nicht existieren darf. Somit müssen Geschäftsführer, die nicht gleichzeitig Geschäftsinhaber bzw. Gesellschafter eines Unternehmens sind, ebenfalls aus dem Kreis der Unternehmer ausgeschlossen werden. Sie tragen schließlich nicht das vollständige Risiko bei einer freiwilligen oder unfreiwilligen Unternehmensbeendigung. Sie verlieren lediglich ihren Arbeitsplatz und tragen andererseits zum Zeitpunkt der Beendigung kein finanzielles Risiko. Unternehmer sind im Wesentlichen durch ihr bewusstes Risikowagnis und ihren aktiven persönlichen Einsatz für das eigene Unternehmen gekennzeichnet. Sie zeichnet insbesondere der Mangel an jeglicher Sicherheit aus. Ihre finanzielle Existenz steht mit dem Verlust ihres Arbeitsplatzes jederzeit auf dem Spiel.

Bei Kapitalgebern ist lediglich das finanzielle Risiko gegeben und dies ist zumeist auf die Höhe der finanziellen Einlage in das Unternehmensvermögen begrenzt. Seine Arbeitstätigkeit büßt der Kapitalgeber bei der Auflösung des Unternehmens nicht ein, da er sich ja selber nicht persönlich am betrieblichen Alltagsgeschehen aktiv beteiligt.

Schlussfolgernd ist zu sagen, dass ein reiner Kapitalgeber kein Unternehmer ist, denn er zieht sich sofort nach seiner Kapitalverfügung für das Unternehmen aus der eigentlichen Unternehmensaufgabe raus, während der Unternehmer weiter an Bord bleibt und dem Unternehmen aus seiner aktiven Rolle seinen persönlichen Stempel dauerhaft aufdrückt.

Was den Kapitalgeber zum Unternehmer auszeichnet, ist lediglich die Suche nach einer lukrativen Anlage bzw. Investition, die eine größtmögliche Rendite zu einem späteren

Zeitpunkt verspricht. Er unternimmt mit seiner wahren Person für das Unternehmen nicht viel. Er stellt lediglich einen finanziellen Bedarf zur Verfügung und lässt anschließend andere für seine Renditeerwartung arbeiten.

Gerne werden Unternehmer anstelle von Kapitalgebern in die Schublade des Kapitalisten gesteckt. Jedoch sind es die Kapitalgeber, die den Kapitalismus fördern und nicht die selbst tatkräftigen Unternehmer, die mit ihren eigenen geistigen und körperlichen Anstrengungen zum Unternehmenserfolg persönlich beitragen. Zudem zeigt der Kapitalgeber als Eigentümer des Vermögensbestandes der Unternehmung einen typischen Charakterzug. Er produziert nicht, er ist auf den möglichst langen Erhalt des Unternehmenseigentums und seiner Mehrung aus.

# Der Unterschied zwischen Integrität und Loyalität

Viele Wirtschaftsunternehmen wünschen sich loyale Mitarbeiter in ihrem Betrieb. Was bedeutet eigentlich Loyalität und ist dies für den dauerhaften Erfolg eines Unternehmens überhaupt nützlich? Dieser Frage widmet sich dieses Kapitel.

Dem loyalen Menschen fehlt das kritisch reflektierende Element, welches beim integren Menschen vorhanden ist. Denn Loyalität erfordert keinen Widerspruch! Integrität kann dagegen ohne Widerspruch nicht auskommen. Denn wahre Integrität besagt, dass Wort und Tat übereinstimmen. Eine manipulierte Aktivität durch Dritte kann somit nur schwer bei einem integren Menschen erzielt werden. Bei loyalen Menschen ist eine standhafte persönliche Haltung nicht unbedingt erwünscht. Dies zeigen bedauerlicherweise viele geschichtliche Ereignisse (Drittes Reich).

Wer sich nicht ausreichend selbst kennt, verliert sich leicht oder er erkennt sich sogar nicht einmal. Menschen ohne große Selbstkenntnis erlangen keine persönliche Weisheit. Sie unterliegen den physiologischen Notwendigkeiten, welche ohne die notwendige Selbstachtung durch Selbstkenntnis in eine Maßlosigkeit übergehen kann.
Der Mangel an Selbstkenntnis kann nicht nur das eigene Leben beeinträchtigen, sondern auch das Leben der Anderen. Die Selbstkenntnis kann als individuelle, moralische Regulation eines Menschen gesehen werden. Sie ist auch die Voraussetzung für die wünschenswerte Fähigkeit der Integrität eines Menschen. Mit seiner Selbstkenntnis kann er die Basis des integren Lebens schaffen und so eine vertrauenswürdige, wahrhaftige Person aus der Sicht seiner Mitmenschen werden.

Für innovative Unternehmen sind integre Mitarbeiter das Fundament für erfolgreiche Ideen. Sie arbeiten selbstständig, reflektieren ihr Tun und bringen kreative Ideen unabhängig vom Bisherigen nutzenstiftend für das Unternehmen ein. Denn Integrität bedeutet auch Makellosigkeit, Unbescholtenheit und Unbestechlichkeit einer Person. Und welches Unternehmen, das seriös und erfolgreich arbeiten möchte, kann auf Mitarbeiter mit integren Eigenschaften verzichten?

Zudem sind loyale Mitarbeiter für eine moderne demokratische Führungskultur in Unternehmen, wenn diese auch von der Wirtschaft tatsächlich vermehrt gewollt ist, kontraproduktiv. Denn gerade eine funktionierende Demokratie benötigt den Widerstreit und nicht die uneingeschränkte Hörigkeit ihrer Akteure.

Die demokratische Führungskultur als moderner Trend in der Unternehmensführung ermöglicht es, dass Mitarbeiter ihre Vorgesetzte nach den demokratischen Grundsätzen mehrheitlich aus ihren eigenen Reihen wählen können. Eine Mitbestimmung quasi im Sinne des Bottom-Up-Prinzips von unten nach oben. Die Mitarbeiter bekommen hierbei nicht mehr einfach ihren Chef per Direktive von oben vorgesetzt, sondern sind unmittelbar im Entscheidungsprozess für eine Führungskraft durch ihre persönliche Wahl aktiv beteiligt. Dies ist auch endlich unter einem demokratischen Motto „Wir alle sind das Unternehmen und nicht nur ein elitärer Personenkreis an der Unternehmensspitze" innerhalb eines basisdemokratischen Gesellschaftssystems absolut sinnvoll, zumal es auch aus der politischen Sicht einer Gesellschaft eine revitalisierende Einstellung zur Politikverdrossenheit und Wahlmüdigkeit vieler Bürger beitragen kann. Gleichzeitig muss die gesamte Unternehmenskultur das demokratische Verständnis aller Beteiligten einfordern, ohne dass eine manipulationsfreie, wahrhaftige und transparente Demokratieumsetzung in einem Unternehmen nicht gelingen kann.

**Menschliche Vernunft aus Sicht der Ethik und Ökonomie**

Die Ökonomen sagen, alles was rational erscheint, ist nach menschlichem Ermessen vernünftig. Um diesem Verständnis der Vernunft ein Sinnbild für alle rationalen Handlungen zu geben, schuf er den „Homo oeconomicus". Eine künstliche Figur, die nur so vor ökonomisch rationalen Handlungen strotzt. Es ist das Modell der Wirtschaftstheorie eines ausschließlich wirtschaftlich denkenden Menschen. Das Hauptmerkmal des Homo oeconomicus ist seine Fähigkeit zum uneingeschränkten rationalen Verhalten bezüglich dem Streben nach Nutzenmaximierung als Konsument oder dem Streben nach Gewinnmaximierung auf Seiten der Produzenten bzw. Unternehmer.

Im Folgenden unterscheide ich zudem zwischen Verstand, Intelligenz und Vernunft. Verstand ist die menschliche Fähigkeit Informationen aufzunehmen. Intelligenz ist die Fähigkeit diese zu verarbeiten und Vernunft ist die Fähigkeit, die gewonnenen und verarbeitenden Informationen ethisch-moralisch abzusichern.

Erich Fromm hat in seinem Werk „Wege aus einer kranken Gesellschaft" einen grundlegenden Vergleich zwischen Intelligenz und Vernunft aufgestellt. Nach Fromm ist Intelligenz, „...die Dinge so zu nehmen, wie sie sind und dabei Kombinationen vorzunehmen, um ihre Handhabung zu vereinfachen. Dabei ist Intelligenz als Denken im Dienst des biologischen Fortbestandes zu verstehen. Vernunft möchte dagegen verstehen; sie versucht dahinterzukommen, was unter der Oberfläche ist; sie möchte den Kern, das Wesen der uns umgebenden Wirklichkeit erkennen." (Fromm, 2004, S. 148)
Die Vernunft erfüllt nach Fromm eine wesentliche Funktion unseres menschlichen Daseins, die nicht unsere physische, sondern unsere seelische und geistige Existenz fördert. Vernunft erfordert zudem Bezogenheit und ein Selbst-Gefühl zu mir selbst. „Wenn ich nur passiver Empfänger von Eindrücken, Gedanken und Meinungen bin, dann kann ich diese zwar miteinander vergleichen und sie manipulieren, aber ich kann sie nicht durchschauen. Nur wenn ich bin, wenn ich meine Individualität nicht an das Man verloren habe, kann ich denken, das heißt, dann kann ich meine Vernunft gebrauchen." (Fromm, 2004, S. 148)
Um diese theoretische Tiefe Erich Fromms zur menschlichen Vernunft weiter zu verdeutlichen, folgt nun eine umfassende wortwörtliche Passage aus seinem Werk „Wege aus einer kranken Gesellschaft".

„Der heutige Mensch weist einen erstaunlichen Mangel an Realismus in Bezug auf alle Gebiete, auf die es ankommt, auf: in Bezug auf die Bedeutung von Leben und Tod, in Bezug auf Glück und Leiden, auf Gefühle und ernsthaftes Denken. Destruktiv auf die Vernunft wirkt sich in der heutigen, modernen Gesellschaft aus, dass niemals jemand die ganze Arbeit allein verrichtet, sondern nur ein Teil davon, da die Dimension der Dinge und die Organisation der Menschen zu groß ist, um noch als Ganzes verstanden zu werden, kann man nichts mehr in seiner Totalität übersehen. Daher kann man die den Erscheinungen zugrunde liegenden Gesetze nicht mehr beobachten. Die Intelligenz reicht aus, einen Teilbereich einer größeren Einheit richtig zu handhaben, ob es sich nun um eine Maschine oder um einen Staat handelt.

Aber die Vernunft kann sich nur entwickeln, wenn sie mit dem Ganzen verzahnt ist, wenn sie es mit beobachtbaren und noch zu bewältigenden Größen zu tun hat. Genauso wie unsere Augen und Ohren nur innerhalb gewisser quantitativ begrenzter Wellenlängen funktionieren, ist auch unsere Vernunft an das als Ganzes und in seinem Gesamtmechanismus Übersehbare gebunden. Anders gesagt geht jenseits einer gewissen Größenordnung die Konkretheit zwangsläufig verloren, und es kommt zur Abstraktion; damit schwindet auch der Sinn für die Wirklichkeit.

Wenn man beobachtet, wie ein so entfremdeter Mensch denkt, dann fällt einem auf, dass seine Intelligenz sich entwickelt hat, während seine Vernunft an Qualität verloren hat. Er nimmt seine Wirklichkeit als selbstverständlich hin; er möchte sie verzehren, konsumieren, berühren, manipulieren. Dieser Mensch fragt nicht einmal, was dahintersteckt, warum die Dinge so sind, wie sie sind, und wohin dies alles führt.

Unter uns sind viele mit einem guten und hohen Intelligenzquotienten, aber die Intelligenztests messen nur unsere Fähigkeit, etwas auswendig zu lernen und Gedankenverbindungen rasch herzustellen – sie messen jedoch nicht unsere Vernunft.

All das trifft zu, wenngleich Menschen von überragender Vernunft in unserer Mitte leben, deren Denken so tiefgründig und lebendig ist wie je zuvor in der Geschichte der Menschheit. Aber ihr Denken bewegt sich abseits des allgemeinen Herdendenkens, und man misstraut ihnen, wenn man sie auch wegen ihrer überragenden Leistungen in den (Natur-) Wissenschaften nicht entbehren kann. Eine Maschine kann die menschliche Intelligenz reproduzieren oder sogar übertreffen, aber sie kann nicht die Vernunft simulieren." (Fromm, 2004, S. 148-150)

Der wichtigste Faktor für die individuelle Intelligenz liegt in jedem von uns selbst. Wir haben es selbst in der Hand, durch den eigenen Willen gewisse persönliche Intelligenzstufen zu erreichen. Die erreichte Intelligenz kann dabei lediglich einen temporären Lebensabschnitt überdauern oder bei einem persönlichen geistigen Verharren dauerhaft ein Leben lang stehen bleiben. Gesundheitliche Einschränkungen, die sich auf den Verstand und unsere Intelligenz niederschlagen (beispielsweise Altersdemenz, Hirnschädigung durch einen Unfall), stellen dabei eine Besonderheit dar.

Die Intelligenz korrespondiert bzw. interagiert mit dem Verstand und der Vernunft, während die Persönlichkeit ein weitgefasster Begriff ist, der den gesamten Menschen in seinem Erscheinungsbild gegenüber seinen Mitmenschen verkörpert.

Die Intelligenz als Interaktionspartner des Verstandes und der Vernunft beeinflusst die äußerlich wahrgenommene Persönlichkeit im positiven wie auch im negativen Sinne eines Menschen. Die Persönlichkeit hat maßgeblich Einfluss auf die jeweilige Intelligenz (z. B. emotionale, soziale oder fachliche Intelligenz). Ist sich einer seiner Persönlichkeit nicht hinreichend bewusst, so wird er nur schwerlich seine Intelligenz ausbauen können. Die tief durchdringende Erkenntnis seiner selbst, erlaubt dem Menschen verstärkt seiner willentlichen Interessen nachzugehen und diese bewusst intelligenzfördernd einzusetzen.

Die Intelligenz ist wie das Gehirn eine sich den Umweltbedingungen anpassungsfähige Einheit, die nicht dauerhaft auf einen bestimmten Status determiniert sein muss.

**Spaß und Ernsthaftigkeit geht das in der Ökonomie zusammen?**

Der Lachforscher (Gelotologe) Willibald Ruch fand heraus, dass Lachen eine angeborene Persönlichkeitseigenschaft ist und damit nicht erlernbar. (Holtbernd 2003, S. 15) Für Unternehmen müsste daher gelten, dass Lachen und eine humorvolle Lebensart nicht vermittelbar ist und damit auf Mitarbeiter nicht übertragbar. Stattdessen ist es die unternehmerische Aufgabe eine Unternehmenskultur zuzulassen, die den Humor am Arbeitsplatz erlaubt. Willibald Ruch hat während seiner Forschungen festgestellt, dass die empfundene Umgebung wesentlichen Einfluss auf die Fröhlichkeit des Menschen hat. (Holtbernd 2003, S.15)

Das persönliche Umfeld wirkt stark auf die Humorbereitschaft des Menschen. Ist das Umfeld mit vielen Tabus und Verboten gekennzeichnet, werden gleichzeitig die potenziellen Begabungen des Lachens und Humors unterdrückt. Durch die mangelnde Entfaltungsmöglichkeit ist es dem Mitarbeiter fremd, sein persönliches Humankapital der Heiterkeit bei der Arbeit erfolgreich einzusetzen. Erst wenn den Mitarbeitern entsprechende Freiräume für eine Humorkultivierung im Betrieb ermöglicht werden, können auch zusätzliche Arbeitserfolge erzielt werden.

Dies erklärt auch die Einsicht, dass Mitarbeiter sich nicht motivieren lassen. Es ist lediglich entscheidend, dass durch äußere Faktoren die Möglichkeit zur Selbstmotivation gegeben ist. Nur der Mitarbeiter selbst, entscheidet für sich, mit welcher Motivationsverfassung er seine Arbeit erledigt. Empfindet der Mitarbeiter, dass er in einem Unternehmen mit gut gelaunten Kollegen zusammenarbeitet, steigt seine Motivation, wenn er erwarten kann, dass seine Tätigkeit die gute Laune am Arbeitsplatz erhält oder die schlechte Stimmung verringert. Ist die Stimmung gut, stellt sich Erfolg auch viel eher ein. (Holtbernd 2003, S. 143)

Und schallt beim humorvollen Miteinander Gelächter über die Betriebsflure, bedeutet dies nicht, dass man dort nicht mit Ernsthaftigkeit bei der Sache ist. Das Gegenteil ist der Fall, denn Fröhlichkeit inspiriert auch zu neuen Ideen.

Der niederländische Philosoph Baruch Spinoza stellt die Freude als überragende menschliche Eigenschaft dar, weil sie für ihn den Übergang des Menschen von geringer zu größerer Vollkommenheit kennzeichnet. Dagegen sieht er die Trauer im Umkehrschluss von größerer zu geringerer Vollkommenheit des Menschen.

Er sieht die Freude auch als Musterbild für die menschliche Natur, dem wir mehr und mehr entgegen streben sollten. Genauer gesagt, ist Spinoza der Meinung, dass Freude gut ist und Trauer schlecht bzw. Freude ist Tugend und Trauer ist Sünde. Spinoza appelliert in eindeutiger Weise zu mehr Freude am Leben und sieht sie als bedeutendes Mittel auf dem Weg zum Ziel der individuellen Selbstverwirklichung. (Fromm 2009, S. 147)

## Der ökonomische Irrweg vom Wachstum

Wirtschaftswachstum, welches im Allgemeinen die Zunahme des wirtschaftlichen Outputs einer Volkswirtschaft bedeutet (Paschke, 2011, S. 315), zielt in einer wirtschaftlich globalisierten Welt, verbunden mit einem nahezu grenzenlosem Denken, auf eine allumfassende Wirtschaftsleistung, die an jedem x-beliebigen Ort auf unserer Erde unter möglichst gleichen Bedingungen erbracht werden kann.

Wachstum bei einigen privatwirtschaftlichen Unternehmen läuft stets darauf hinaus, sich auszudehnen, um eine bestenfalls marktbeherrschende Position gegenüber seiner unmittelbaren Konkurrenz in der gemeinsamen Wirtschaftsbranche zu erreichen.

Das dies mit eventuell gleichlautenden Wirtschaftszielen der Konkurrenz kollidiert, ist beim allgemein politisch geforderten Postulat Wirtschaftswachstum leicht nachzuvollziehen. Denn Wachstumsgrenzen finde ich dort, wo ich die wirtschaftliche Freiheit des anderen beschneide.

In einer globalisierten Welt, wo die persönliche Freiheit als ein dominierendes gesellschaftliches Kulturgut angestrebt wird, führt sie andererseits zu stagnierenden oder sogar rückläufiger Wachstumsgrößen. Beim Wachstum und seiner Größendimension kommt es zwangsläufig zu natürlichen Stillstands- und auch Schrumpfungsphasen, weil es ein unendliches Wachstum nicht geben kann.

Freiheit und Wachstum können als erstrebenswerte Ziele nicht gleichzeitig verfolgt werden, da sie weder indifferent noch gegenseitig unterstützend erreicht werden können, sondern sich gegenseitig konkurrieren. Dies bedeutet: Sobald ich mehr Freiheit beanspruchen möchte, kann ich persönlich nicht auf mehr Wachstum pochen. Und wenn ich mehr Wachstum fordere, kann ich nicht gleichzeitig mehr Freiheit beabsichtigen.

Um tatsächlich mehr Wachstum zu erreichen, unabhängig ob aus wirtschaftlicher oder ziviler Sicht, müsste unser Planet über einen natürlichen Wachstumsmechanismus verfügen und gleichzeitig die Weltbevölkerung deutlich zunehmen. Bei der Zunahme an Menschen ist derzeit noch Potenzial nach oben, wobei die wirtschaftlich weitgehend gesättigten Länder (z.B. Deutschland, Japan usw.) eine seit Jahren rückläufige Einwohnerzahl zu verzeichnen haben und vorerst nur durch Zuwanderung von ausländischen Menschen ein weiteres nationales Wirtschaftswachstum erzielen können. Es ist erkennbar, dass ein solches Wachstum schlichtweg begrenzt und auch nicht erstrebenswert ist.

Eine Erhöhung der Exportquote kann dies leider auch nicht vollends kompensieren, zumal auch davon ausgegangen werden sollte, dass ebenso die wirtschaftlich noch relativ stark wachsenden Volkswirtschaften (z. B. China, Indien) irgendwann in das gleiche Dilemma geraten können und somit weitere Wachstumsziele ebenfalls nicht mehr erreicht werden können. Auf gesättigten Weltmärkten könnte dann nur noch Wachstum generiert werden, wo es Fortschritt durch Innovationen von neuartigen Wirtschaftsgütern gibt.

Gerhard Schulze, Professor für Soziologie, schreibt in seinem Buch „DIE BESTE ALLER WELTEN – Wohin bewegt sich die Gesellschaft im 21. Jahrhundert", dass wir auf der beständigen Suche nach einer besseren Lebenswelt einem ständigen Steigerungsspiel durch unser postuliertes Wachstumsdenken in unserer Wirtschaftskultur unterworfen sind.

Seine objektive Steigerung lässt sich anhand von drei Pfaden kennzeichnen:

- Erweiterung
- Perfektionierung
- Vermehrung

Dabei ist der wichtigste dieser drei Pfade der objektiven Steigerung die Erweiterung, wo vordergründig die Brauchbarkeit oder Nützlichkeit einzelner Produkte für bestimmte Zwecke steht. Es steht hierbei die Erfüllung der menschlichen Grundbedürfnisse beispielsweise Essen, Trinken oder Schutz vor Witterung im Vordergrund.

Nach und nach verschiebt sich der Erweiterungspfad, so dass die Grundbedürfnisse eine inhaltliche Verfeinerung erfahren. Es folgt der Wunsch etwas Bestimmtes zu können (z. B. Musik zu machen oder Reisen zu können).

Das könnensorientierte Denken des Menschen entwickelt neue Produkte, die zu einer deutlichen Zunahme und Vielfalt von Waren führt.

Nach dem Steigerungspfad der Erweiterung folgt die Perfektionierung. Grundsätzlich existiert von jedem Gegenstand eine Idealvorstellung, wie er bestenfalls sein könnte, um seinen Zweck optimal zu erfüllen. Das stetige Feilen an der Verbesserung der Produkte, die Perfektionierung, ist eine folgerichtige Fortführung (Technischer Fortschritt) der

Zweckerweiterung eines Produkts. Vom verdrahteten Telefon mit Wählscheibe zum drahtlosen Mobiltelefon.

Oftmals kommt zu den beiden konsum- bzw. wirtschaftskulturellen Steigerungspfaden Zweckerweiterung und Perfektionierung die vor allem ökologisch und soziologisch kritisierbare Vermehrung als der dritte und letzte objektive Steigerungspfad hinzu.

Der Mensch strebt hier nicht nur den Besitz eines Produkts sondern eine Vielzahl an Produkten für einen ganz bestimmten Zweck an. Er gibt sich nicht nur mit einem Paar Schuhe, einem Fernseher oder einem Auto zufrieden, sondern benötigt derer viele zur Erfüllung des einen Zwecks. Es geht hierbei lediglich um die Besitzmehrung im Sinne einer ständigen kulturellen Wachstumsforderung durch die gesellschaftlichen Eliten. (Schulze, 2003, S. 52-53)

Gerhard Schulze veranschaulicht mit seiner Beschreibung der objektiven Steigerung im Sinne unserer volkswirtschaftlichen Wachstumsindustrie, welche absurden Ausmaße der Verschwendung an begrenzten Rohstoffen durch ungezügelten Konsum entstehen können.

# Literaturempfehlungen

Fromm, E.: Haben oder Sein, München: dtv, 2009

Fromm, E.: Wege aus einer kranken Gesellschaft-Eine sozialpsychologische Untersuchung, München: dtv, 2004

Holtbernd, T.: Führungsfaktor Humor, Frankfurt/Wien: Ueberreuter, 2003

Jaspers, K.: Denkwege – Ein Lesebuch, München: Piper, 1983

Löschmann, J.: Von Fortschritt und Wachstum – Gegensatz oder Kongruenz?, München: GRIN-Verlag, 2013

Paschke, D.: Grundlagen der Volkswirtschaftslehre anschaulich dargestellt, Heidenau: PD-Verlag, 2011

Schulze, G.: Die beste aller Welten – Wohin bewegt sich die Gesellschaft im 21. Jahrhundert?, München: Carl Hanser Verlag, 2003